MENER UNE RÉUNION

Les étapes-clés pour un meeting d'équipe efficace

Par Florence Schandeler

50MINUTES.fr

MENER UNE RÉUNION

- **Problématique ?** Comment faire en sorte qu'une réunion ne soit pas une perte de temps et aboutisse à de vraies décisions ?
- **Utilité ?** Dans un contexte professionnel, une réunion pour informer, consulter ou décider est souvent nécessaire. Il est donc crucial de s'y prendre convenablement pour atteindre les résultats escomptés.
- **FAQ ?**
  - Ai-je réellement besoin de planifier cette réunion ?
  - Quel matériel prévoir ?
  - Qui inviter à ma réunion ? Combien de participants ?
  - Comment aborder le facteur temps ? Quelle durée pour ma réunion ?
  - Que puis-je faire pour que tout le monde participe activement ?

Dans le monde professionnel, tout travailleur est susceptible d'animer une réunion un jour ou l'autre. Ce guide tente de répondre de façon concise et succincte aux questions courantes que l'on peut se poser dans cette situation.

Communiquer une information, donner une formation, consulter ses associés, analyser un problème, voter des changements au sein de l'entreprise, etc. : les raisons ne manquent pas pour échanger et collaborer avec ses partenaires de travail. Plusieurs solutions sont envisageables : s'échanger des courriels, se téléphoner, parler avec chacune des personnes concernées ou se réunir tous ensemble autour d'une table pour débattre d'une problématique ou établir un objectif commun.

La réunion est souvent perçue comme le moyen de communication le plus efficace dans de nombreux cas, tels qu'assurer une formation au sein de l'entreprise, prendre une décision ou consulter l'avis général. Cependant, par ses modalités de mise en présence des différents acteurs, elle aura tôt fait d'être chronophage et de virer à la simple discussion si l'on ne pose pas les balises nécessaires au groupe pour avancer.

Ainsi, de la préparation à la synthèse de l'entrevue, il est indispensable de donner aux participants un cadre général pour que la réunion soit efficace. Dans ce livre, nous aborderons ce travail en trois points, correspondants aux trois temps de la réunion : la préparation, l'animation et le compte-rendu. Nous verrons comment élaborer un ordre du jour et construire en des termes clairs et concis les objectifs à réaliser, comment gérer au mieux la communication entre les participants, et quel suivi donner à l'entrevue pour s'assurer de l'impact des décisions prises et évaluer les actions menées.

B.A.-BA DE L'ANIMATEUR DE RÉUNION

TROIS TEMPS POUR UNE RÉUNION EFFICACE

- Préparer et cibler les objectifs
- Animer et agir (prendre des décisions)
- Assurer le suivi et communiquer les résultats

PRÉPARER LA RÉUNION

Élaborer un ordre du jour

Pour ne pas planifier un simple rendez-vous amical entre collègues, préparer sérieusement la réunion, en élaborant un ordre du jour et en formulant les objectifs à atteindre, est indispensable.

On entend par « ordre du jour » un plan de travail de la réunion, qui est envoyé aux participants sous forme de convocation, de préférence écrite afin de prévenir les éventuels oublis ou malentendus et de donner un cadre formel à la rencontre. Il est envoyé à tous les participants avant la réunion, mais il convient de ne pas le faire trop tôt, de peur qu'il tombe aux oubliettes. En général, on préconise de le faire en moyenne quatre jours avant la date fixée afin que tous aient eu le temps d'en prendre connaissance.

Ce plan de travail rassemble, d'une part, des informations pratiques : on y annonce la date, les heures de début et de fin de la réunion, d'éventuels renseignements sur les pauses détente et repas si nécessaire, la salle choisie pour l'entrevue ainsi que la liste des participants convoqués. D'autre part, on y développe la liste des sujets à débattre, afin que les participants puissent y réfléchir au préalable et assister à la réunion en toute connaissance de cause, ce qui les impliquera davantage dans la discussion.

Fixer les objectifs et susciter la motivation

Pour rendre concret et tangible le travail à mener en groupe, il vous faut formuler des objectifs clairs et précis que tous les participants doivent chercher à atteindre en fin de réunion.

Par définition, un objectif se doit d'être :

- réalisable. Vous devez prendre en compte les moyens et ressources dont dispose le groupe ainsi que les contraintes auxquelles il doit faire face ;
- mesurable. Les résultats que vous cherchez à obtenir doivent être évaluables et vous devez pour cela établir des critères, clairs et précis,

qui vous permettront de dire si l'objectif est atteint ou non ;

- utile. Pour que le groupe se mobilise autour de l'objectif donné, il faut qu'il en perçoive l'enjeu. Une formulation concise et concrète de l'objectif doit mettre en évidence l'intérêt de mener à bien le projet ;
- séduisant. L'objectif doit susciter l'envie des participants afin qu'ils se mobilisent activement autour de sa réalisation. En effet, si la présence d'un objectif perçu comme commun est une condition essentielle pour qu'un groupe se reconnaisse comme tel et décide d'agir ensemble, il faut bien garder à l'esprit que ce groupe est par essence constitué de personnes distinctes ayant chacune ses propres attentes et opinions. Pour que les différents intervenants se fédèrent autour de cet objectif commun, en lui consacrant du temps, de l'énergie, quitte parfois même à lui sacrifier certaines idées personnelles, il faut tenir compte des intérêts et aspirations de chacun ;
- déterminé par un facteur temps. Il est indispensable de fixer un délai à la réalisation de la tâche demandée, sans quoi il sera impossible, d'une part, de coordonner l'action de tous les

participants, et d'autre part, de conserver la motivation du groupe.

Ne tentez pas d'en faire trop : mieux vaut chercher à atteindre un seul objectif concret, réaliste et mesurable, que de vouloir aborder toutes les thématiques de front et n'aboutir à rien de tangible en fin de réunion. Pouvoir montrer objectivement aux participants que l'on a avancé sur le projet, et qu'ils n'ont donc pas perdu leur temps en palabres, est indispensable pour conserver la confiance et la motivation du groupe.

EXEMPLE D'OBJECTIFS D'UNE RÉUNION (TIRÉS DU TRAVAIL DES CONSEILLERS PÉDAGOGIQUES DU SeDESS NAMUR-LUXEMBOURG)

- Relecture et réajustement du règlement d'ordre intérieur
- Construire ensemble un projet d'apprentissage interdisciplinaire
- Définir en collectif le rôle de référent PIA (plan individuel d'apprentissage)
- Définir la procédure d'accompagnement d'élèves en difficulté

- Informer sur les réformes du premier degré

Identifier le rôle de chacun

L'existence d'une structure bien établie, désignant au sein du groupe la ou les personnes exerçant une fonction de leader, est une condition nécessaire pour assurer la cohésion et donner à chacun des participants une latitude pour parler et agir.

L'animateur est celui qui assure le rôle de leader au sein du groupe. À ne pas confondre avec un statut supérieur (comme l'aurait un directeur sur ses employés ou un professeur sur ses élèves), l'animateur se voit conférer par le groupe une autorité, dans le cadre spatio-temporel précis de la réunion, nécessaire pour mener à bien les activités. Il se met au service du groupe pour faciliter les échanges, clarifier les objectifs et favoriser l'efficacité du travail.

L'animateur doit tout d'abord rappeler le contrat qui unit les membres du groupe : la réunion se fait pour répondre à un objectif précis qu'il faut atteindre. Il doit donc l'expliquer et s'assurer de sa compréhension par chacun des participants. Au cours de la réunion, l'animateur exerce le rôle de meneur de jeu : neutre par rapport au débat, mais écartant les idées en opposition avec l'objectif commun. Il a pour tâches d'interroger les participants et de structurer le débat. L'enjeu de ses interventions dans ce domaine est de faire évoluer le groupe vers la réalisation de l'objectif :

- en aidant le groupe à ordonner les tâches à réaliser ;
- en reformulant et en clarifiant le sens des diverses interventions ;
- en regroupant et en faisant une synthèse des réflexions menées ;
- en permettant au groupe de formuler des conclusions et de prendre des décisions.

L'animateur est également chargé de poser et de tenir le cadre de la réunion. On entend par « cadre » l'ensemble des règles qui régissent et contrôlent les échanges entre les participants. L'animateur joue donc le rôle de gardien des règles du jeu. À ce titre, une des premières règles qu'il fait respecter, et sur laquelle il doit être intransigeant, est le respect du timing. Il veille aussi à maintenir la discussion dans la lignée des objectifs fixés.

Enfin, il ne faut pas oublier qu'une réunion est avant tout une rencontre, qui induit nécessairement que les acteurs présents entrent en contact les uns avec les autres. L'animateur doit donc gérer cet aspect du travail de groupe, souvent plus complexe qu'on ne l'imagine. Il doit éviter que certains participants, plus discrets, aient peur de s'exprimer face à des collègues directifs et que ne s'installe une tendance au conformisme qui inclurait que la majorité impose systématiquement son point de vue sans véritable discussion.

Pour que le travail en commun soit possible et efficace, il veille à ce que les échanges entre les participants soient respectueux et à ce que la réunion se déroule dans la meilleure ambiance possible. Il se montre donc attentif à bien accueillir les participants au début de la séance et à les mettre en confiance, en favorisant un premier échange pour que tous puissent faire connaissance avec lui et apprennent à se connaître les uns les autres si ce n'est pas déjà le cas. Il a une attitude d'écoute bienveillante envers les participants, donne à tous l'occasion de s'exprimer, distribue équitablement son attention afin d'éviter que quiconque se sente isolé de la conversation, et valorise l'intervention de chacun.

Quant aux autres participants, ils doivent, pour s'investir, se sentir impliqués dans la discussion. En soulignant le rôle de chacun dans la réalisation de l'objectif, l'animateur rappelle qu'ils ont une responsabilité dans la réussite ou l'échec de la réunion. Il est également possible de prédéterminer les interventions de certains ou de tous les participants, en leur demandant explicitement leur opinion dès lors que la discussion s'oriente sur des domaines qu'ils maîtrisent. Il est utile pour cela d'évaluer la contribution possible de chaque collaborateur, en fonction de ses connaissances et compétences propres.

Une autre option pour renforcer la participation de certains membres consiste à les impliquer dans la gestion de la réunion, en leur confiant des rôles complémentaires à celui de l'animateur.

- Le secrétaire : il prend note de ce qui est dit en groupe et synthétise par écrit les échanges menés en réunion.
- L'observateur : il observe le fonctionnement du groupe et donne son avis en fin de réunion sur la modalité des échanges et le respect du temps de parole de chacun.
- Le gardien du temps : il est chargé de veiller sur le respect des horaires.

ANIMER LA RÉUNION

Introduire la réunion

Les cinq à dix premières minutes de la réunion sont essentielles : elles donnent le ton pour la suite du travail. En premier lieu, l'animateur établit le contact avec les participants, en leur souhaitant la bienvenue, en se présentant et en leur prêtant attention. Cette étape est cruciale si l'on veut établir une ambiance favorable à l'échange. Il répond alors, de manière implicite, à ces deux questions :

- Qui suis-je ?
- Qui sommes-nous ?

Ensuite, il rappelle le thème et l'objectif de la réunion, tous deux contenus dans l'ordre du jour, et passe ainsi un contrat avec le groupe, quant aux résultats auxquels ils doivent aboutir ensemble. Cette étape permet de fixer l'enjeu de la réunion afin que les participants en mesurent l'importance et se sentent impliqués. Il répond donc à la question :

- Qu'allons-nous faire ?

Enfin, l'animateur présente le cadre autour duquel s'articule l'entrevue. Il explique les modalités de prise de parole et rappelle les limites temporelles de début et de fin de rencontre, ponctuées d'éventuelles pauses préalablement établies, répondant ainsi aux questions :

- Comment allons-nous le faire ?
- Avec quel timing ?

Gérer la communication

Tout au long de la réunion, l'animateur gère les tours de parole des différents intervenants. Depuis sa position neutre et son attitude bienveillante envers chacun, il lance le débat, observe la circulation de la communication et veille à ce que personne ne soit laissé de côté. Son rôle est de faire apparaître l'opinion du groupe dans son ensemble et sa complexité. Il aide à construire l'unité du groupe, tout en respectant et en faisant respecter les différences de chacun. Il maintient le cadre, rappelant à l'ordre si la discussion s'éloigne du sujet, veille à ce que le groupe avance vers la réalisation de l'objectif commun et contrôle le facteur temps.

L'animateur doit trouver la façon la plus adaptée de conduire le débat, en tenant compte de deux grandes difficultés inhérente au travail de groupe :

- la peur de s'exprimer en public ;
- la tendance au conformisme.

Il instaure une attitude d'écoute au sein du groupe et est attentif à ce qu'aucun participant ne s'isole pour une discussion en aparté. Il intervient dans les échanges de manière à empêcher toute tentative de limitation de la parole des participants, tout en restant lui-même neutre face au débat.

Il peut choisir soit de travailler avec l'ensemble du groupe soit de diviser l'équipe en sous-groupes de discussion de quatre à six personnes. Dans le premier cas, l'animateur doit être attentif à la répartition du temps de parole et à ce que tout le monde exprime son opinion. Pour ce faire, il sera utile de noter sur une feuille, à côté du nom de chaque participant, les mots-clés de son intervention. Le second cas laisse davantage d'espace aux participants plus réservés pour s'exprimer. L'animateur définit alors un cadre temporel précis pour le travail en sous-groupes et désigne au sein de chaque table, une personne chargée de rapporter les idées issues de la discussion. Il propose une formulation directe et interrogative pour traiter au mieux du thème (par exemple : « Imaginez des pistes de solutions aux propositions suivantes... »).

À mesure des interventions, l'animateur reformule et résume les idées émises par les participants, effectuant ainsi une synthèse, devant et avec l'ensemble du groupe. Celle-ci est réalisée sur un tableau ou un dispositif de projection qui est visible par tous. De cette manière, chacun peut se familiariser avec les propositions et choisir ensuite les idées les plus constructives au regard de l'objectif commun.

Prendre des décisions

La prise de décision, but intrinsèque de la réunion, signe l'action du groupe et son évolution vers la réalisation de l'objectif commun. Elle a lieu à la fin d'un processus que l'on peut diviser en trois étapes :

- propositions par l'ensemble du groupe d'éléments de solution ;
- mise en perspective et critique des propositions données ;
- choix, prise de décision du groupe en fonction de l'objectif fixé.

Dans un premier temps, l'animateur veille à ce que tout le monde participe à la discussion et propose des pistes de solutions. Une fois l'ensemble de ces propositions reformulées et écrites sous forme de synthèse, le groupe, qui s'est ainsi approprié ces suggestions et a eu le loisir de se familiariser avec chacune d'entre elles, peut choisir la piste la plus adéquate en tout état de cause et dans la perspective de répondre à l'objectif.

En fonction du suivi du débat, les décisions peuvent être prises selon différentes modalités :

- l'unanimité si tous les membres du groupe partagent la même décision ;
- le consensus si le groupe se met d'accord sur une proposition qui lui semble la mieux adaptée à l'objectif ;
- la décision majoritaire si une décision est votée par la majorité du groupe ;
- la décision minoritaire si une décision est supportée par une minorité de participants dont le statut est supérieur et qui ont donc une plus forte compétence décisionnelle.

Synthétiser pour clore la réunion

À la fin de la réunion, l'animateur effectue une synthèse globale des décisions prises par le groupe. Il s'assure que celles-ci sont claires pour tout le monde en les formulant de façon positive et concrète sous forme d'actions à réaliser. Pour rendre tangibles les résultats, il énonce les actions à suivre de façon à répondre à ces questions :

- Qui fait quoi ?
- Où ?
- Quand ?
- Comment ?
- Pourquoi ?

Il conclut l'échange en soulignant les avancées du groupe et en remerciant les participants de leur collaboration.

LE SUIVI DE LA RÉUNION

Évaluer le travail mené en groupe

Évaluer la réunion, c'est faire le point sur le fonctionnement du groupe et entrevoir des possibilités d'amélioration pour les prochaines collaborations. Même si cette procédure peut sembler un peu trop scolaire, s'interroger sur le travail mené en groupe est essentiel. Cela permet de mesurer le rendement de la réunion et d'entendre l'avis des participants, en soulignant une fois encore l'importance de l'opinion de chacun.

Cette évaluation peut être faite oralement, en réservant quelques minutes en fin d'entrevue. On demande aux participants de s'exprimer sur leurs motifs de satisfaction et d'insatisfaction, et sur ce qu'ils pensent pouvoir être amélioré dans le fonctionnement du groupe. L'avantage de poser ces questions oralement est de lancer une discussion entre les partenaires qui pourra être plus spontanée et avoir parfois plus d'impact qu'un retour écrit. Cependant, proposer aux participants de répondre par écrit permet parfois plus de franchise et d'objectivité, et peut éviter d'éventuelles tensions sur le retour de certains dysfonctionnements.

PETIT PLUS

Une autre technique possible, qui peut être utilisée de façon complémentaire à un premier retour oral ou écrit, est de demander aux participants d'écrire sur un post-it le mot de la fin (merci, challenge, c'est parti, etc.). Ils partagent ainsi un dernier ressenti avec le groupe et l'animateur peut évaluer l'état d'esprit général en fin de réunion.

En outre, il est pertinent que l'animateur se pose lui aussi des questions quant au rendu de son travail afin de s'améliorer dans sa pratique. Il peut notamment se poser les questions suivantes :

- Le groupe a-t-il avancé dans son objectif ? A-t-il pris des décisions ?
- Qu'ai-je appris de nouveau dans la conduite de cette réunion ?
- Qu'ai-je apporté au groupe ? En quoi ai-je contribué à ce que l'objectif soit atteint ?

Communiquer le suivi de la réunion

Comme le dit le proverbe, « les paroles s'envolent, les écrits restent ». Il est donc important de garder une trace écrite de la discussion et des décisions prises. Pour formaliser ces données, deux types de documents sont envisageables :

- le compte-rendu. Rédigé dans le but de faire observer le processus de la discussion menée, on y note les données concrètes de la réunion (date, heure, participants), l'objectif poursuivi,

les problèmes abordés, les points d'accord et de désaccord ainsi que les décisions prises et les problèmes restés en suspens ;
- le rapport. Conçu comme un document reprenant le résultat de la réunion dans lequel le groupe doit retrouver ses conclusions, il contient la recommandation d'une série d'actions à mener pour atteindre l'objectif défini.

Ces documents sont rédigés par un secrétaire de réunion – ce peut être l'animateur – qui n'est pas impliqué dans le débat, afin de conférer aux documents un caractère impartial. Le secrétaire fera preuve d'une qualité d'écoute et d'un esprit de synthèse lui permettant d'aller à l'essentiel et de distinguer les opinions des faits. Il travaille à partir de ses prises de notes, des éventuels documents distribués aux participants et de son observation.

Une fois ce travail réalisé, il s'agit de s'assurer que les différents acteurs mettent en place sur le terrain les actions décidées par le groupe.

TOP CONSEILS

- Préparez-vous au rôle d'animateur. La préparation de la réunion est une étape essentielle pour le bon déroulement de celle-ci. Arriver en ayant mal ou insuffisamment préparé la réunion serait contre-productif pour vous-même comme pour les participants. Vous devez être incollable sur les thèmes abordés, avoir préparé le matériel adéquat et venir suffisamment reposé le jour J. Animer un groupe est en effet une activité qui demande beaucoup d'attention et d'énergie.

À chacun sa méthode pour gérer le stress. Si vous ne parvenez pas à faire le vide autour de vous, si aucune musique douce n'apaise votre anxiété et si la technique d'imaginer tout le monde en sous-vêtements n'a jamais fait ses preuves, vous pouvez toujours tester une méthode issue de la sophrologie : la respiration de pleine conscience. Fermez les yeux, posez une main sur votre ventre et prenez une longue inspiration qui le fasse gonfler. Bloquez l'air quelques instants dans vos poumons et expirez ensuite le plus lentement et le plus longtemps possible. Cet exercice permet de se recentrer sur soi-même, par la prise de conscience de son corps, de relativiser et de se détendre.

- Placez les participants de façon adéquate. Vous pouvez choisir de disposer les tables de différentes façons. Réunir tout le monde autour d'une grande table centrale est idéal pour une longue réunion et pour un groupe ne dépassant pas les 15 participants. La table ronde favorise davantage l'échange, mais elle ne doit être envisagée que pour une réunion de six à dix personnes. Enfin, disposer les tables en « U » est idéal pour une réunion de type pédagogique, où l'animateur a beaucoup à transmettre.
- Commencez la réunion par quelques échanges informels afin de briser la glace, à l'aide de techniques d'animation de groupe.

Techniques d'animation de groupe (proposition des conseillers pédagogiques du SeDESS Namur-Luxembourg)

- La météo du moral
  - Objectif pour le participant : se présenter, oser prendre la parole, en partageant une information avec l'ensemble du groupe.
  - Objectif pour l'animateur : prendre le pouls du groupe, comprendre le degré de motivation relative à la présence des participants, savoir s'il existe ou non d'éventuelles tensions, etc.
  - Consigne : l'animateur propose une série d'images issues du bulletin météorologique (temps ensoleillé, nuageux, orageux, etc.) et demande aux participants de choisir l'image qui correspond à leur état d'esprit du moment.

- La présentation croisée
  - Objectif pour le participant : oser engager la conversation avec son voisin encore inconnu, oser prendre la parole en partageant une information avec

l'ensemble du groupe.

◦ Objectif pour l'animateur : se présenter et établir un premier contact avec le groupe, créer une possibilité de cohésion dans le groupe en invitant les participants à engager entre eux la conversation.

◦ Consigne : l'animateur présente un questionnaire reprenant une vingtaine de questions du type de celles reprises dans le questionnaire de Proust (questionnaire d'origine anglaise interrogeant sur les pensées, les sentiments, les désirs, etc., rendu célèbre par les réponses qu'y a données Marcel Proust, 1871-1922, vers 1890). Il demande ensuite aux participants de choisir, par paires, trois questions auxquelles ils souhaitent répondre. Chaque participant écoute la réponse proposée par son partenaire (en veillant, dans la mesure du possible à ne pas prendre note de ce qui est dit). Enfin, l'animateur demande à chaque personne de présenter son partenaire, les questions choisies et les réponses proposées par celui-ci. Il fait ensuite un débriefing de l'activité et demande comment les participants ont vécu l'activité et ce qu'ils ont appris de leur voisin.

- Montrez-vous ferme dans la gestion des débordements. Nul n'est à l'abri d'un conflit ou d'un participant réfractaire. Dans un contexte hostile, rappelez à l'ordre les participants en cadrant leurs propos et en vous référant au contrat établi : « Nous sommes ici pour réaliser tel objectif. » S'il s'agit d'un conflit entre deux participants, recadrez la discussion en ramenant le débat sur l'objectif. Si un participant s'oppose à vos interventions, montrez-vous à l'écoute d'éventuelles revendications tout en restant ferme sur le cadre. Il est possible qu'un participant ne supporte pas l'autorité, il faut alors lui rappeler que le rôle de l'animateur n'est pas de faire le gendarme mais de permettre au groupe d'avancer. En cas de trop grande tension, n'hésitez pas à inviter tout le monde à faire une pause de cinq minutes, afin de prendre le recul nécessaire, de permettre aux différentes parties de se calmer et de continuer sur d'autres bases.

• Soignez votre présentation PowerPoint. Si une présentation PowerPoint peut être un précieux support pour la discussion, il convient d'appliquer quelques règles pour qu'elle soit réussie. Ainsi, les textes présents sur les visuels doivent être aussi concis que possible. En dehors de la projection du plan, on ne proposera qu'un seul thème, une seule idée par visuel et on songera à ne pas noter plus de six à sept mots par ligne ni plus de six à sept lignes par visuel. Dans la mesure du possible, proposez des schémas pour appuyer vos idées plutôt que de longues phrases. En outre, pensez à adapter votre présentation au public présent : le vocabulaire utilisé sera plus ou moins sophistiqué et l'esthétique de la présentation plus ou moins formelle. Mais, quel que soit le contexte, rien n'interdit de temps à autre une petite touche d'humour pour maintenir la bonne humeur.

FAQ

AI-JE RÉELLEMENT BESOIN DE PLANIFIER CETTE RÉUNION ?

Parce qu'elle met en présence une série d'intervenants dans une même salle, réservée et apprêtée à cet effet, la réunion demande une certaine organisation. Elle s'approprie une tranche horaire du travail des participants et génère donc un coût pour l'entreprise. Avant d'organiser une réunion, il faut par conséquent se poser la question de son utilité, puisqu'il existe d'autres moyens de communication : envoyer des e-mails, prévoir une vidéoconférence ou encore consulter en tête-à-tête chacune des personnes concernées. La réunion ne doit être envisagée que si elle est le moyen le plus efficace pour atteindre l'objectif. Il est donc essentiel de se demander s'il est possible d'arriver au même résultat sans réaliser de réunion.

QUEL MATÉRIEL PRÉVOIR ?

Après avoir rédigé et envoyé l'ordre du jour aux participants, l'animateur rassemble le matériel nécessaire au bon déroulement de la réunion. Il réalise un « conducteur de réunion » (plan à suivre), photocopie les documents qu'il souhaite transmettre aux participants, rappelant notamment l'objectif de la réunion et les thèmes abordés, prépare si nécessaire un PowerPoint pour exposer les informations requises à l'ensemble du groupe, et se renseigne sur la présence dans la salle d'un projecteur et/ou d'un tableau (prévoir des craies ou marqueurs) pour recueillir les idées issues de la discussion. Il convient également de se munir d'une montre ou d'un chronomètre qu'il posera devant lui afin de gérer correctement son temps.

QUI INVITER À MA RÉUNION ? COMBIEN DE PARTICIPANTS ?

Indéniablement, plus il y a de participants, plus le débat est difficile à gérer et la prise de décision une tâche compliquée à mener. Il est conseillé de ne convoquer que les personnes directement concernées par l'objectif. Inutile d'inviter des personnes qui ne sont pas motivées par le thème abordé et qui risquent de ne pas s'investir, ni des personnes jugées incompétentes pour ce travail.

Le nombre optimal, pour une réunion efficace, se compte à partir de cinq participants (une réunion plus restreinte étant plus informelle et ne demandant généralement pas une préparation aussi poussée) et ne doit pas dépasser les quinze. Face à une assistance de cette taille, la gestion des tours de parole se fait de manière relativement aisée, car l'animateur repère rapidement les taciturnes et les bavards, et les participants se sentent généralement à leur aise pour émettre leurs opinions. Au-delà de ce nombre, vous avez affaire à un grand groupe, plus difficile à gérer de front. Il convient alors d'utiliser d'autres techniques d'animation, en répartissant les participants en petits groupes de travail, afin que tout le monde puisse prendre part à la discussion.

COMMENT ABORDER LE FACTEUR TEMPS ? QUELLE DURÉE POUR MA RÉUNION ?

L'animateur doit se montrer intransigeant quant au respect des horaires. D'une part parce que c'est le premier point du contrat qu'il passe avec les participants, par le biais de la convocation, et qu'il en va de sa crédibilité. Et, d'autre part, parce que si la réunion tarde à démarrer à cause du retard de certains et qu'il faut en conséquence décaler l'heure de sa clôture, il est fort à parier que d'autres participants devront partir avant la fin parce qu'ils ont un train à prendre ou des enfants à aller chercher à l'école. Il faut donc respecter scrupuleusement ce cadre temporel. Commencer et terminer à l'heure est la première balise pour un travail sérieux et efficace.

Cependant, parce que les imprévus et les retards existent malgré tout, l'animateur aura parfois à gérer les retardataires. Il songera à les installer et à les intégrer au débat de façon bienveillante tout en notifiant leur retard.

Quant à la durée totale de la réunion, elle dépend en grande partie de l'ampleur de la tâche mise à l'ordre du jour. Pour une réunion de plus de deux heures, il est recommandé de prévoir une pause d'un quart d'heure au bout d'une heure trente à deux heures. Ce moment de détente est nécessaire pour conserver la dynamique du groupe et sa productivité. L'horaire de ces pauses, annoncées au préalable dans la planification de la réunion, devra être respecté.

QUE PUIS-JE FAIRE POUR QUE TOUT LE MONDE PARTICIPE ACTIVEMENT ?

Avant de répondre à cette question, une petite précision s'impose : l'animateur n'est en aucun cas le seul responsable de la réussite ou de l'échec de la réunion, et ne peut forcer personne à travailler contre son gré. Le degré de maturité, duquel dépend la richesse des échanges, et le moral du groupe et de chacun des participants sont des éléments sur lesquels l'animateur ne peut intervenir.

Cependant, il peut mettre en place un certain nombre de mesures pour susciter la motivation face à la tâche à réaliser :

- en démontrant, dès les premières minutes de la réunion, l'utilité, pour tous et pour chacun, d'atteindre l'objectif fixé ;
- en favorisant une bonne ambiance de travail, par la gestion des conditions matérielles (local spacieux, aéré, matériel nécessaire mis à disposition, etc.), par une attitude d'écoute bienveillante, et par la création d'un espace où les participants se sentent en confiance et s'expriment librement.

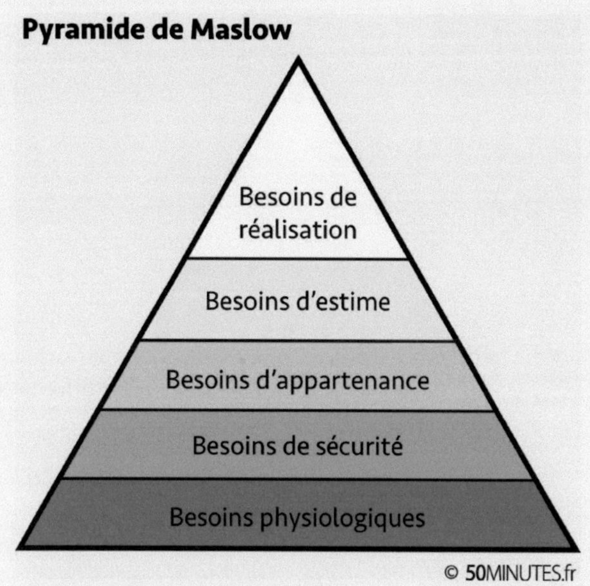

Cette théorie nous montre à quel point il est important que les participants se sentent à l'aise pour pouvoir participer, s'investir et s'intégrer au groupe. En outre, il montre également qu'il est indispensable de répondre aux besoins physiologiques de chacun – et donc de faire des pauses.

À VOUS DE JOUER !

TO DO LIST POUR ORGANISER ET VALIDER LA RÉUNION

1. Préparation de la réunion :
- établir l'ordre du jour ;
- faire une liste des participants concernés en indiquant leurs coordonnées ;
- envoyer l'ordre du jour aux participants concernés ;
- préparer le conducteur de réunion et les fiches nécessaires pour la conduite de la réunion ;
- préparer le support de présentation ;
- rédiger les documents à destination des parti-cipants et en faire des photocopies.

2. Suivi de la réunion :
- rédiger le compte-rendu/le rapport de la réunion ;
- envoyer le compte-rendu/le rapport aux participants ;
- s'assurer que les actions décidées en réunion soient menées par les différents acteurs.

ORDRE DU JOUR : EXEMPLE DE PRÉSENTATION

Date : Heure : de ___ à ___	Liste des participants : • • •	Local :
Objectif de la réunion : **Thèmes abordés :** • • •		

CONDUCTEUR DE RÉUNION

HEURE	*8h30 - 8h45*	8h45 - 9h30	...
THÈME	Accueil des participants et rappel de l'ordre du jour.		
INTER- VENANTS	Animateurs.		
À PRÉCISER	S'assurer de la compréhension de l'ordre du jour. Demander si les participants ont des questions.		
DÉCISIONS À PRENDRE	/		

FICHE D'ACTION POUR LES PARTICIPANTS

ACTION CONCER-NÉE	QUI ?	COMENT ? Moyens nécessaires	POUR QUAND ?

Votre avis nous intéresse !
Laissez un commentaire sur le site de votre
librairie en ligne et partagez vos coups de cœur sur
les réseaux sociaux !

POUR ALLER PLUS LOIN

SOURCES BIBLIOGRAPHIQUES

- AUBRY (Jean-Marie), *Dynamique des groupes, Canada*, Les éditions de l'Homme, 2004.

- COQUERET (André), *Comment diriger une réunion*, Paris, Le Centurion, 1970.

- CHARLES (René) et WILLIAME (Christine), *La communication orale*, Paris, Nathan, coll. « Repères pratiques », 2010.

- GUÈRE (Jean-Pierre) et STERN (Patrice), *Faciliter la communication de groupe*, Paris, Éditions d'Organisation, 2002.

- LAINÉ (Sylvie), *Guide pratique d'entraînement à la conduite de réunion*, Paris, Les éditions Demos, 2003.

- MACCIO (Charles), *Guide de l'animateur de groupes*, Lyon, Chronique Sociale, 2002.

- MUCCHIELLI (Roger), *La conduite des réunions*, Issy-les-Moulineaux, Les éditions ESF, 2000.

- QUARANTA (Michel), *Comment animer un groupe*, Outremont (Québec), Les éditions Quebecor, 2003.

- WESENFELDER (Ralf), *50 trucs pour réussir une réunion*, Paris, Éditions d'Organisation, 1982.

SOURCE COMPLÉMENTAIRE

- Avec la participation des conseillers pédagogiques du SeDESS Namur-Luxembourg.

50MINUTES.fr

SOYEZ LÀ
OÙ ON NE VOUS ATTEND PAS !

www.50minutes.fr

www.50minutes.fr

ISBN ebook : 978-2-8062-6430-5
ISBN papier : 978-2-8062-6431-2
Dépôt legal : D/2015/12603/195
Photo de couverture : © Monkey Business – Fotolia.com

Conception numérique : Primento,
le partenaire numérique des éditeurs